O Maior Milagre de Jesus

Editora Appris Ltda.
1.ª Edição - Copyright© 2021 dos autores
Direitos de Edição Reservados à Editora Appris Ltda.

Nenhuma parte desta obra poderá ser utilizada indevidamente, sem estar de acordo com a Lei nº 9.610/98. Se incorreções forem encontradas, serão de exclusiva responsabilidade de seus organizadores. Foi realizado o Depósito Legal na Fundação Biblioteca Nacional, de acordo com as Leis nos 10.994, de 14/12/2004, e 12.192, de 14/01/2010.

Catalogação na Fonte
Elaborado por: Josefina A. S. Guedes
Bibliotecária CRB 9/870

A555m
2021

André, Marcos (Padre)
   O maior milagre de Jesus / Pr. Marcos André.
- 1. ed. - Curitiba : Appris, 2021.
77 p. ; 21 cm. – (Coleção geral).

Inclui bibliografia.
ISBN 978-65-250-1213-1

1. Jesus Cristo. 2. Encarnação. I. Título. II. Série.

CDD – 232.1

Livro de acordo com a normalização técnica da ABNT

Editora e Livraria Appris Ltda.
Av. Manoel Ribas, 2265 – Mercês
Curitiba/PR – CEP: 80810-002
Tel. (41) 3156 - 4731
www.editoraappris.com.br

Printed in Brazil
Impresso no Brasil

Pr. Marcos André

O Maior Milagre de Jesus

FICHA TÉCNICA

EDITORIAL	Augusto V. de A. Coelho
	Marli Caetano
	Sara C. de Andrade Coelho
COMITÊ EDITORIAL	Andréa Barbosa Gouveia (UFPR)
	Jacques de Lima Ferreira (UP)
	Marilda Aparecida Behrens (PUCPR)
	Ana El Achkar (UNIVERSO/RJ)
	Conrado Moreira Mendes (PUC-MG)
	Eliete Correia dos Santos (UEPB)
	Fabiano Santos (UERJ/IESP)
	Francinete Fernandes de Sousa (UEPB)
	Francisco Carlos Duarte (PUCPR)
	Francisco de Assis (Fiam-Faam, SP, Brasil)
	Juliana Reichert Assunção Tonelli (UEL)
	Maria Aparecida Barbosa (USP)
	Maria Helena Zamora (PUC-Rio)
	Maria Margarida de Andrade (Umack)
	Roque Ismael da Costa Güllich (UFFS)
	Toni Reis (UFPR)
	Valdomiro de Oliveira (UFPR)
	Valério Brusamolin (IFPR)
ASSESSORIA EDITORIAL	Manuella Marquetti
REVISÃO	Monalisa Morais Gobetti
PRODUÇÃO EDITORIAL	Rebeca Nicodemo
DIAGRAMAÇÃO	Daniela Baumguertner
CAPA	Amy Maitland
COMUNICAÇÃO	Carlos Eduardo Pereira
	Débora Nazário
	Kananda Ferreira
	Karla Pipolo Olegário
LIVRARIAS E EVENTOS	Estevão Misael
GERÊNCIA DE FINANÇAS	Selma Maria Fernandes do Valle
COORDENADORA COMERCIAL	Silvana Vicente

Dedico este livro ao amado Jesus Cristo, meu Mestre, o autor de milagres e do Maior Milagre que existe.

Também, à minha amada família, aos meus filhos, Thais, Licks, Adriana e Talita, que sempre estiveram ao meu lado nas horas mais difíceis. Em especial à minha esposa missionária, Eliana, verdadeira mulher de Deus.

Meu digníssimo Pr. presidente da Assembleia de Deus da Rua Ana, Josias Carreiro, que sempre me apoiou na ministração da Palavra de Deus.

Também, ao Pr. Altamir Pires, que foi o instrumento de Deus para que eu chegasse até o nobre cargo de pastor e ministro do Evangelho.

Ao meu amado pai, que me ensinou o bom caráter antes mesmo que eu soubesse distinguir o bem e o mal.

Agradecimentos

Agradeço sinceramente a Deus, nas pessoas do Pai, do Filho e do Espírito Santo.

À minha esposa e filhos, mencionados na dedicatória.

Ao meu pai, Antônio Fortunato, à tia Glória, à tia Nice, ao tio João e à tia Joana.

Aos demais, pelo vínculo de sangue ou de consideração.

À minha mãe, Francisca Rita (em memória).

Às minhas mães: Madalena e Leidineia.

Aos meus irmãos: Leonardo, Tiago, Rafael e Cristiano.

Às minhas irmãs: Raquel, Rejane, Jordana, Nanda e Andréia.

E a estes referenciais: tio Fernando Oliveira e tio Luiz Cavalcante.

Nunca alguém tão grande se fez tão pequeno para tornar grandes os pequenos.

(Augusto Cury)

Apresentação

Certa feita, enquanto eu preparava uma de minhas pregações, ocorreu-me algo sobre o Senhor Jesus e sua obra na cruz que eu não havia percebido anteriormente nas mais de 10 vezes que havia lido sobre a crucificação, pude, então, identificar uma revelação diferente, uma nova ótica.

O assunto é o mesmo, dentro da ortodoxia, porém sob um ponto de vista diferente. O Espírito Santo mostrou-me o grande milagre que Deus operou e está operando em cada filho por meio do sacrifício de Jesus. E como alguém que retira o lençol de um móvel que estava coberto por causa da poeira, o Espírito Santo foi desencobrindo um conhecimento oculto, profundo e emocionante, o qual eu só podia contemplar pelas beiradas, como que superficialmente.

Daí o Santo Espírito apresentou-me as maravilhas operadas no corpo do Senhor Jesus e como nós fomos abençoados em cada uma delas e como essas maravilhas conduzem a grande obra do Senhor. Foi então que surgiu esta obra, a qual pude chamar de *O Maior Milagre de Jesus*.

Espero que ao final destas páginas o amado leitor possa também ter o leque da revelação aberto diante de si e vislumbrar a profundidade da maior dádiva de Deus ao homem, a graça.

Ao terminar a revelação que o Senhor havia me mostrado, elaborei uma pregação para anunciar essas verdades e seus efeitos. Naquela mesma semana, saí para ministrar a nova mensagem que o Senhor me concedera, havia sido convidado para um culto de libertação em uma igreja em Queimados (RJ), fiquei bem nervoso, pois era uma mensagem nova para mim, nunca havia pregado sobre a crucificação de Cristo sob aquela ótica, achei que não conseguiria explanar corretamente os pontos da mensagem e que não seria bem compreendida pelo povo de Deus, porém, ao final da pregação, aquela igreja em Queimados foi renovada pelo Espírito Santo, e quatro almas receberam a Jesus como Salvador.

Continuei meditando naquela mensagem sobre o milagre que Jesus fez com a obra da cruz, e a cada vez que eu meditava no assunto, o Senhor presenteava-me com mais revelações desse grande milagre. Sendo assim, surgiu a grande ideia, inspirada pelo Espírito Santo, para a elaboração desta obra.

Convido você a meditar profundamente e ver se você tem guardado tudo o que o Senhor Jesus te deu ao se entregar na cruz.

Ninguém deve se apresentar a Deus de mãos vazias e é certo que ninguém é deixado por Ele de mãos vazias. Em cada milagre recebemos um presente de Deus por meio do nosso Senhor Jesus Cristo.

Espero que a leitura deste livro te encoraje a prosseguir e a se dedicar mais pelo Reino de Deus, pois o mundo atual tenta, a todo custo, tirar-nos do foco.

Boa leitura!

Primeiro Prefácio

Que bom saber que nestes dias atuais e tão difíceis no Cristianismo ainda existam homens de Deus, usados pelo Espírito Santo e de bom testemunho para com os de fora, exemplos no evangelho — e um desses é o nosso amigo Pastor Marcos André. Muitas vezes eu estive sentado no altar da nossa igreja sede, podendo deliciar-me espiritualmente ouvindo suas mensagens, tão inspiradas e teologicamente corretas, soando em nossos ouvidos e fortalecendo os nossos corações e espírito, não poderia ser diferente o tema escolhido por este homem de Deus: O MAIOR MILAGRE DE JESUS. Ao ler e fazer uma revisão ao seu pedido, não precisei aconselhar nada acerca do que tirar ou acrescentar, o livro está perfeito e lindo, pois calvário é o melhor tema de um bom pregador. Sugiro esta leitura em famílias, grupos de obreiros, escola bíblica dominical, conferências, encontro de jovens e adolescentes. Ajuda muito, inclusive a evangelizar e despertar a fé dos perdidos e afastados da comunhão. Cada capítulo é um enlevo para nossa alma, ao término da leitura fui espiritualmente renovado, aumentou-se ainda mais minha esperança. Sugiro àqueles que desejarem fazer deste livro o seu LIVRO DE CABECEIRA e nas horas difíceis e amargas, além da leitura bíblica, ler este livro quantas vezes forem necessárias. Agradeço a Deus pela inspiração dada a esse homem de Deus, excelente obreiro, marido, pai, trabalhador e amigo de ministério.

Pr. Josias Carreiro
Pastor presidente da Assembleia de Deus da Rua Ana Ministério Família
Missionária
Bacharel em teologia pelo Instituto Bíblico das Assembleias de Deus do Estado do Rio de Janeiro (IBADERJ)
Licenciado em Pedagogia pela Universidade Estácio de Sá
Servo de Deus.

Segundo prefácio

O Maior Milagre de Jesus é uma obra sobre a mais importante revelação da Palavra de Deus. Simples em sua essência, mas complexo em sua extensão e profundidade, o maior milagre de Jesus preenche todas as áreas da vida do homem e penetra até o encontro entre a alma e o espírito.

Totalmente calcada em sólidos fundamentos do evangelho de Cristo, esta belíssima obra traz à tona uma mensagem que tem sido encoberta por narrativas de um evangelho pós-moderno, que alimenta a muitos, mas que nutre muito pouco.

Desejo que o caro leitor seja tão abençoado quanto eu mesmo fui ao ler estas páginas. Rogo a Deus que o seu Espírito Santo, por intermédio desta obra, acenda em teu coração a centelha que incendiará a tua alma, revelando-lhe, por fim, qual é o maior milagre de Jesus.

Oliveira Dias
Capitão de Artilharia do Exército Brasileiro
Bacharel em Ciências Militares pela Academia Militar das Agulhas Negras
(AMAN/Rio de Janeiro)
Mestre em Ciências Militares pela Escola de Aperfeiçoamento de Oficiais
(EsAO/Rio de Janeiro)

Sumário

Introdução 17
   A natureza do homem 17
   Os milagres de Jesus 19

1
O Milagre da Morte 25
   O véu do Templo 30

2
O Milagre da Ressurreição 35
   A principal influência disso em nossa fé hoje 39

3
O Corpo Ressurreto 45
   O corpo glorificado 49

4
O Milagre da Ascensão 55
   A segunda vinda de Jesus e o Arrebatamento da Igreja 58

5
O Maior Milagre de Jesus 69
   Um difícil milagre 70

Referências 75

Introdução

Qual terá sido o maior milagre de Jesus?

Com essa pergunta dou início a esta obra. Qual o maior milagre que o Mestre praticou enquanto andou por esta terra, pregando o Seu Evangelho e fazendo muitos sinais. Teria sido a cura dos enfermos? Ressurreição de mortos? Acalmar a tempestade ou andar sobre as águas? Posso afirmar que não, não foi nenhum destes. Convido-lhe agora a meditar sobre este Maior Milagre, pois ele está acontecendo bem agora em muitos lugares onde o Evangelho de Cristo tem chegado. Embarquemos no Maior Milagre de Jesus!

A natureza do homem

No dia 4 de março de 2011, o jornal *O Globo* noticiou os detalhes do caso da morte da menina Lavínia, de 6 anos, que foi morta pela amante do pai no Rio de Janeiro, estrangulada com um cadarço de tênis, um crime que deixou a sociedade brasileira estarrecida com tanta crueldade.

Em dezembro de 2010, um pai jogou o filho de uma ponte no rio Tietê, em São Paulo. E como não lembrar do assassinato de estudantes da Escola Municipal Tasso da Silveira, em Realengo, no Rio de Janeiro, e das 20 crianças que foram assassinadas por um jovem na escola básica de Sandy Hook, em Newtown, nos Estados Unidos?

Assim como esses casos, tantos outros crimes mostram o perfil de mentes e corações corrompidos pelo pecado. Crimes hediondos como estupros, inclusive de menores, arrancam-nos uma pergunta: como pode um ser humano fazer tal coisa a outro ser humano? O que leva alguém a investir contra a vida de outro dessa forma, com tanta fúria e ódio?

Você com certeza já ouviu perguntas como essas, feitas pelos âncoras dos telejornais, pois essas questões ferem o conceito que a sociedade moderna tem sobre o amor, ferem a razão e o bom senso. Os psicólogos e as autoridades já se esforçaram bastante, com pesquisas e estudos, a fim de traçarem o perfil de mentes criminosas como essas citadas aqui, e até obtiveram avanços consideráveis, confirmaram a ideia iluminista que "ninguém nasce mau" e estabeleceram o conceito de que os criminosos são iniciados dentro de casa na infância, e que ele vai numa escalada até alcançar o auge da mente criminosa formada: aparecem primeiro desrespeitando os pais, brigando na rua, depois cometem pequenos roubos, depois grandes roubos, assaltos, até chegarem ao produto final da sociedade corrompida, que é a mente assassina. Claro que nem todos seguem essa sequência, alguns pulam etapas, mas de qualquer forma a pergunta ainda permanece na cabeça de todos. Como alguém pode praticar tais crimes?

No ano de 2007, em Araguari, no Triângulo Mineiro, um homem estuprou e matou uma menina de 4 anos, por mais que as ciências sociais consigam explicações, no entanto não conseguem soluções para problemas como esse. Uma boa explicação psicológica não traz de volta a vida de uma criança assassinada e tampouco restaura a saúde mental de uma vítima de estupro e também não corrige a mente assassina. A explicação precisa necessariamente apresentar ou conduzir a uma solução.

Diante dessas questões da natureza humana, temos a religião cristã com a proposta bíblica de explicação dessa problemática e apresentação de uma solução para a recuperação de pessoas que apresentam esses desvios de conduta.

Em primeiro lugar, a Bíblia apresenta o ser humano como a coroa da criação de Deus, ou seja, o fechamento da obra, a criação mais importante do Senhor.

> *"E criou Deus o homem à sua imagem: à imagem de Deus o criou; homem e mulher os criou."* (Gênesis 1.27)

Porém essa criação, que foi concebida pura, veio a se corromper pela ocorrência do pecado:

> *"Porque todos pecaram e destituídos estão da glória de Deus [...]"* (Romanos 3.23)

Estando o homem nessa situação de afastamento de Deus e detentor de uma dívida, que só poderia ser paga com a morte do devedor ou de alguém que decidisse pagar em seu lugar, surge proposta divina divulgada pela crença cristã. E no conteúdo dessa crença, encontramos a mensagem central de Jesus Cristo, em torno da qual se tem construído toda a estrutura do cristianismo, essa mensagem central é o Evangelho. Vemos na vida e na obra de Cristo a grande proposta de regeneração do ser humano, de torná-lo uma nova criatura e fazê-lo voltar à condição de imagem e semelhança do Criador.

> *"E criou Deus o homem à sua imagem: à imagem de Deus o criou; homem e mulher os criou."* (Gênesis 1.27)

De todos os milagres que o Senhor realizou, proponho aqui apresentar o Maior Milagre de Jesus e sua obra no ser humano. O grande milagre, o qual proporciona ao Senhor Jesus um certo grau de dificuldade.

Os milagres de Jesus

A Palavra do Senhor traz uma infinidade de milagres de Jesus Cristo, realizados enquanto Ele andou nesta terra, na Palestina e ainda nos assevera que muitos outros milagres deixaram de ser registrados (João 21.25), porém daqueles que foram registrados, identificamos operações de maravilhas que nos assombrariam nos dias de hoje.

Talvez pensássemos que diante de tais maravilhas, ninguém e nem os apóstolos jamais deveriam duvidar das palavras do Senhor Jesus, e inclusive no momento da crucificação, diante de tudo que foi vivenciado por aqueles apóstolos, eles deveriam permanecer ao lado de Jesus até o fim, porém não foi isso o que aconteceu, as atitudes dos apóstolos diante dos fatos relativos à crucificação nos mostram que a verdadeira fé não se constrói com base em sinais miraculosos e sim na Palavra de Deus.

> *"De sorte que a fé é pelo ouvir, e o ouvir pela palavra de Deus."* (Romanos 10.17)

É nesse contexto que entramos nestas páginas, a fim de mostrar o **Maior Milagre de Jesus Cristo** e o seu propósito para o homem, meditaremos na revelação da mensagem acerca desse grande milagre.

Conhecemos muitos milagres de Jesus pelas escrituras sagradas, a cura de paralíticos, cegos e enfermos, até mesmo a ressurreição de mortos, e também as operações de maravilhas, como andar sobre as águas e acalmar a tempestade. São sinais que nos fazem refletir a respeito de muitas coisas, reforçam nossa fé e nos conduzem à admiração sobre a vida e obra de Jesus.

Mas para chegar ao Maior Milagre de Jesus, eu quero analisar aqui três sinais miraculosos que o Senhor Jesus operou nele mesmo, ou seja, no seu próprio corpo. São os três últimos milagres que Jesus realiza nos evangelhos operando em si mesmo, que vão nos auxiliar na compreensão do Maior Milagre de Jesus. A importância desses milagres está na mensagem que eles anunciam e nas consequências disso para o ser humano, resumindo, **os três milagres que Jesus Cristo operou em seu próprio corpo anunciam o Maior Milagre de Jesus.**

Os três grandes sinais, objetos deste estudo, são: a **morte** do Senhor Jesus, sua **ressurreição** e sua **ascensão** ao céu. São milagres que anunciam a grande obra de Cristo, seu Maior Milagre, no entanto é necessário que entendamos essa mensagem, por isso passamos a estudá-los, cada um separadamente e mais profundamente, pois o entendimento e aceitação dessa mensagem promovem o Maior Milagre de Jesus que é... Bom, na verdade, não o revelarei agora, só posso adiantar que é um milagre difícil para o Mestre, pois envolve muitas coisas a se fazer e alguns fatores importantes, mas com certeza é um milagre inesquecível.

O Maior Milagre de Jesus pode levar o ser humano a uma solução para os problemas apresentados aqui, o porquê de tantas atrocidades praticadas por pessoas, destruindo-se e destruindo umas às outras.

Nenhuma outra atividade, nenhum esforço humano, nenhuma organização religiosa, nenhuma organização social, tem o poder de mudar o íntimo do homem, transformar o seu interior e fazer isso aflorar no exterior, mudar totalmente o rumo da vida de alguém e transformar aquele que estava destruído em uma nova pessoa com uma nova perspectiva de vida. A compreensão do significado dos três mais importantes milagres que o Mestre realizou em seu próprio corpo e a sua aceitação incondicional, provocam a mudança no interior do indivíduo, isto é, esse indivíduo passa a presenciar em si mesmo o verdadeiro milagre, o Maior Milagre de Cristo.

O objetivo principal deste livro é apresentar as mensagens explícitas e implícitas nestes eventos miraculosos, a **morte**, **ressurreição** e **ascensão** de Cristo.

Veja bem, a principal ordem que Jesus deixou para nortear as atividades dos filhos de Deus é anunciar as boas novas de salvação.

"E disse-lhes: Ide por todo o mundo, pregai o evangelho a toda criatura." (Marcos 16.15)

Uma das motivações deste livro é o fato de a mensagem expressa por esses milagres estar meio fora de moda para alguns cristãos nos dias atuais, algumas igrejas e alguns líderes resolveram anunciar a vitória financeira, a vitória sobre os demônios, sobre as doenças em detrimento da maior vitória que alguém pode ter, que é a vitória sobre a escravidão do pecado por meio da Cruz de Cristo.

O anúncio desses sinais miraculosos operados no corpo do Mestre e de seus significados são, na verdade, um grito de alerta a líderes religiosos, pois o Evangelho que nossos antepassados pregaram, era o Evangelho da transformação da alma em Cristo Jesus, e aos poucos contemplamos a pregação do evangelho da transformação financeira e do comodismo. É hora de os protestantes protestarem contra isso!

Consideremos então o seguinte: são três milagres que Jesus operou em si mesmo e em cada um deles o ser humano ganhou algo, um tesouro, um bem imaterial, vindo da parte de Deus por meio de Seu Filho, e de posse desses três bens imateriais o Senhor Jesus opera em nós o Seu Maior Milagre.

Vamos, então, ver e analisar esses milagres e o que cada um deles nos proporcionou.

"Encontrar-se com o Senhor, e mesmo assim continuar a buscá-lo, é o paradoxo da alma que ama a Deus"

(A.W. Tozer)

1

O Milagre da Morte

> *E era já quase a hora sexta, e houve trevas em toda a terra até à hora nona, escurecendo-se o sol;*
> *E rasgou-se ao meio o véu do templo.*
> *E, clamando Jesus com grande voz, disse: Pai, nas tuas mãos entrego o meu espírito. E, havendo dito isto, expirou.*
> *(Lucas 23.44-46)*

Tudo começou na morte d'Ele, o Maior Milagre de Jesus, que ele opera no ser humano, vai começar na cruz, com esse evento que classificamos de prodigioso e aqui é chamado de "milagre da morte", por não ter sido uma morte qualquer, pois ao ler o texto sagrado entendemos que foi uma morte diferenciada, analisemos então da seguinte maneira: Jesus sofre na cruz por aproximadamente três horas e exatamente à hora nona (15h), Ele rende o espírito, de imediato alguém pode perguntar: o que há de milagroso na morte de Jesus na cruz? De fato essa pergunta é válida, pois os acontecimentos narrados em Lucas 23.33-46 parecem não nos apresentar nenhum milagre, mas somente um ambiente de humilhação e sofrimento do Mestre, pois naquela cruz o Senhor Jesus perdeu todo o seu sangue, estava muito debilitado pelos açoites, pelos socos e chutes, uma coroa de espinhos e os cravos, com tudo isso se entende que qualquer ser humano normalmente morreria, ninguém em condições físicas normais poderia resistir a todo aquele cruel espetáculo, a morte seria natural nessas condições.

Porém estamos falando aqui de alguém que embora sendo 100% homem, também era 100% Deus, e mesmo sendo homem, não trazia a herança de Adão (a morte), pois o Senhor Jesus não foi concebido de forma natural, por isso não possuía a herança adâmica do pecado, e além do mais, também em sua vida o Senhor Jesus nunca pecou, não recebendo assim a mesma recompensa de Adão, mas permaneceu fiel até a morte.

A vida de Cristo foi um exemplo de amor, santidade e consagração a Deus, pois Ele dedicou-se a fazer a vontade do Senhor, foi esse Homem que pregaram naquela cruz, um homem comum naturalmente teria morrido, mas o Senhor Jesus entregou o espírito no momento em que estava consumada a obra para a qual Ele havia sido designado (João 19.30). Notamos aqui duas informações interessantes: primeiro, Ele morre exatamente às três da tarde (hora nona), notamos que Ele escolheu o momento certo da entrega; e segundo, Ele não perde os sentidos e morre, mas Ele mesmo é quem diz "Pai recebe o meu espírito", ou seja, o milagre da morte está expressado em Ele render o Seu espírito. Jesus não venceu a morte quando ressuscitou, e sim quando morreu, pois o nosso Senhor, ainda que ficasse muitos dias na cruz, só morreria no momento em que Ele quisesse, pois a morte não tinha e nem tem qualquer poder sobre Jesus, todas às vezes em que a morte se encontrou com Jesus, ela saiu perdendo e os mortos se levantavam, esse é o milagre na morte do Senhor Jesus de que fazemos menção.

Estas foram as palavras do Senhor Jesus antes de enfrentar a cruz:

> *"Por isto o Pai me ama, porque dou a minha vida para tornar a tomá-la.*
> *Ninguém a tira de mim, mas eu de mim mesmo a dou; tenho poder para a dar, e poder para tornar a tomá-la. Este mandamento recebi de meu Pai."* (João 10.17-18)

Essa é a expressão nas palavras de Cristo da autoridade que a morte tinha sobre Ele, ou seja, nenhuma! Pois declarou abertamente que ninguém toma Sua vida se Ele livremente não a der, quer dizer que Ele só morreu porque deu a Sua vida em favor da humanidade.

Naquela cruz, o Senhor Jesus não só venceu a morte, mas também venceu Satanás, ou seja, ali de fato, Ele pisou a cabeça da serpente como registra a primeira profecia da Bíblia proferida pelo próprio Deus na ocasião em que anunciou a maldição sobre a serpente:

> *"E porei inimizade entre ti e a mulher, e entre a tua semente e a sua semente; esta te ferirá a cabeça, e tu lhe ferirás o calcanhar."* (Gênesis 3.15)

Aquilo que os filmes de Hollywood passam com uma ênfase enorme no sofrimento de Jesus, ao ser preso, castigado sem motivo, escarnecido e humilhado, imagens que nos fazem sentir pena e não nos transmitem o propósito delas, foi na verdade uma vitória sobre o inimigo, essa morte milagrosa traz a maior de todas as mensagens, o Evangelho.

A morte de Jesus na cruz do calvário consumou o maior ato de Deus em favor da humanidade, foi a expressão primordial e primeira do processo de salvação da alma humana.

Aquela morte foi o pagamento da dívida da humanidade com o Criador, uma dívida que todo homem possuía e ainda possui até o momento em que aceita o pagamento de Jesus Cristo efetuado na cruz.

Tudo começou de fato no Jardim do Éden, onde o homem perdeu sua comunhão com Deus e entrou em uma dívida com o Senhor por meio da desobediência de Adão (Gênesis 3), desobediência pela qual entrou o pecado no mundo; e pelo pecado, a morte; e a morte passou a todos os homens, pois todos provêm do mesmo casal e todos são herdeiros da morte pela herança de Adão (Romanos 5.12), além do mais, todos pecaram. Apesar da instituição da Lei e do sacrifício de animais, o ser humano permaneceu em sua dívida com Deus, pois o sacrifício de animais não tem o poder salvador e regenerador, isto é, apenas encobre o pecado como interpretamos de Gênesis (3.21) e não o remove do coração do ser humano.

> *"E fez o SENHOR Deus a Adão e à sua mulher túnicas de peles, e os vestiu."* (Gênesis 3.21)

Nessa passagem vemos a prefiguração do que é o salário do pecado e qual o preço de seu pagamento, veja nessa passagem como o pecado deixou o homem "completamente nu" e então o SENHOR, para cobrir a nudez do homem, matou um animal e fez roupas de peles, mostrando que para cobrir a nudez do homem foi necessária a morte de um animal inocente, ou seja, para remediar a consequência do pecado do homem, foi necessário o derramamento de sangue. Esse primeiro ato de Deus, no sentido de amenizar o resultado desastroso do pecado, mostra-nos qual é o preço do pecado: "sangue", e o seu salário: "a morte".

> *"Porque o salário do pecado é a morte, mas o dom gratuito de Deus é a vida eterna, por Cristo Jesus nosso Senhor."* (Romanos 6.23)

Como resultado disso, vemos a instituição do sacrifício pelo pecado em Êxodo (29.36):

> *"Também cada dia prepararás um novilho por sacrifício pelo pecado para as expiações, e purificarás o altar, fazendo expiação sobre ele; e o ungirás para santificá-lo."*

No entanto, a passagem de Gênesis (3.21) revela-nos que a morte daquele animal somente serviu para cobrir a nudez de Adão e Eva, não retirou a culpa e nem fez com que retornassem à condição anterior, de inocentes. Assim funciona o sacrifício de animais, apenas cobre a culpa e não remove o pecado, nem paga a dívida do homem para com Deus e não faz com que o ser humano retorne à condição anterior.

Todavia o Senhor Deus arquitetou um plano, pelo qual essa dívida seria paga e anunciou esse plano em todo o Antigo Testamento, a passagem em Gênesis (3.15) é a primeira referência na qual se anuncia a vinda do Messias, na qual o próprio Deus profetizou que da mulher nasceria um (Jesus) que pisaria a cabeça da serpente (Satanás), depois houve diversas outras ocasiões em que Deus usou seus profetas para anunciarem a vinda do Salvador do Mundo, aquele que faria o homem retornar a sua primeira condição, à semelhança do Jardim do Éden, exceto é claro, na inocência. Veja algumas dessas referências:

> *"O SENHOR teu Deus te levantará um profeta do meio de ti, de teus irmãos, como eu; a ele ouvireis[...]"* (Deuteronômio 18.15)

Além destas, existem muitas outras passagens: Isaías 7.14, Isaías 9.6, Malaquias 5.2 e muitas mais. O plano da Salvação, que foi arquitetado por Deus desde antes da fundação do mundo, conforme 1 Pedro 1.18-20, consiste em um projeto para pagar a dívida do homem para com Deus e retornar o homem à primeira condição de "imagem e semelhança de Deus", de "filho de Deus", mantendo o seu livre arbítrio e, dessa vez, mantendo também o conhecimento do bem e do mal, só que tendo optado pelo bem, pois agora o ser humano seria livre e nessa liberdade ele escolheria servir a Deus e amá-lo, sem ser obrigado a isso, como se fosse um robô ou uma marionete, apenas por reconhecer que Ele é bom e que sua misericórdia dura para sempre.

No plano da salvação do Senhor, o homem é conduzido ao amor "ágape" (amor incondicional) e esse amor brota de dentro do ser humano, pela essência de Deus, que passou a habitar dentro desse ser, ou seja, o Espírito Santo de Deus, dessa forma, ao aceitar o sacrifício expiatório de Jesus Cristo na cruz, a pessoa estaria aceitando o plano da Salvação de Deus, que foi consumado na morte de Jesus Cristo na cruz.

> *"E, quando Jesus tomou o vinagre, disse: Está consumado. E, inclinando a cabeça, entregou o espírito."* (João 19.30)

O Plano da Salvação, portanto, é simples: "O filho de Deus pagou a nossa dívida morrendo em nosso lugar", um sacrifício substitutivo.

Os acontecimentos do dia em que Jesus foi crucificado mostram que, de fato, a cruz não era dele, pois não daria tempo para se confeccionar uma cruz nova, ou um madeiro novo, conforme a preferência de cada teólogo, que tivesse a medida do Senhor, pois ele não estava preso há muito tempo aguardando a condenação, ele foi preso na noite anterior, e na manhã seguinte já estava condenado, foi então necessário passar a Jesus aquela cruz que estava preparada para outro, quer dizer, aquela cruz seria de Barrabás, portanto na crucificação o Senhor Jesus literalmente substituiu alguém, que foi solto, foi livre da morte e Ele morreu em seu lugar. Literalmente Ele morreu no lugar de Barrabás, mas simbolicamente Ele morreu no lugar de todos aqueles que já cometeram e cometem pecado, a isso chamamos de expiação.

O véu do Templo

Entendemos que o ser humano tinha uma dívida que fazia separação entre ele o seu Criador, o homem estava destituído de ser imagem e semelhança de Deus.

> "Porque todos pecaram e destituídos estão da glória de Deus [...]" (Romanos 3.23)

Essa dívida separava-nos da presença do Todo Poderoso.

> "Mas as vossas iniquidades fazem separação entre vós e o vosso Deus; e os vossos pecados encobrem o seu rosto de vós, para que não vos ouça." (Isaías 59.2)

Porém essa dívida, como já vimos, foi paga por aquele que morreu em nosso lugar, em expiação por cada um que se encontrava aprisionado pelo pecado.

> *"Porque Cristo, estando nós ainda fracos, morreu a seu tempo pelos ímpios."* (Romanos 5.6)

Na passagem bíblica que fala da morte do Senhor Jesus na cruz, há uma referência a um certo véu, que se rasgou no momento em que o Senhor rende o espírito, esse véu simboliza o que foi dito até aqui sobre a separação entre o homem e seu criador. O véu foi feito por ocasião da construção do Tabernáculo no deserto.

> *Depois farás um véu de azul, e púrpura, e carmesim, e de linho fino torcido; com querubins de obra prima se fará.*
> *E colocá-lo-ás sobre quatro colunas de madeira de acácia, cobertas de ouro; seus colchetes serão de ouro, sobre quatro bases de prata.*
> *Pendurarás o véu debaixo dos colchetes, e porás a arca do testemunho ali dentro do véu; e este véu vos fará separação entre o santuário e o lugar santíssimo* (Êxodo 26.31-33).

Aquele véu foi colocado então no Tabernáculo que Moisés construiu no deserto, fazendo separação entre o Santo Lugar e o Santo dos Santos, onde estava a Arca da Aliança. Somente o sumo sacerdote poderia entrar no lugar santíssimo, uma vez por ano, no dia da expiação, para oferecer sacrifício por si mesmo e pela nação de Israel, segundo Levítico 16. O véu então representava a separação entre o homem e Deus. Na construção do templo de Salomão foi seguido o modelo do Tabernáculo, no templo de Herodes, seguiu-se o mesmo modelo e no dia em que Jesus foi crucificado, lá estava o mesmo véu, réplica do véu de linho fino retorcido fazendo, como sempre, separação entre o Santo Lugar e o Santo dos Santos, fazendo ainda a separação entre o lugar onde os sacerdotes poderiam ir e o lugar onde somente o sumo sacerdote poderia chegar. Porém um fato ocorreu para mudar essa situação, a morte do Rei Jesus. Os fatos registrados nos evangelhos dão conta de que na hora em que o Senhor Jesus entregou o espírito, aquele grosso véu que fazia separação entre as duas partes do santuário se rasgou de cima a baixo (Lucas 23.45), mostrando que não há mais separação entre Deus e o homem, possibilitando ao homem retornar à condição que se encontrava no Jardim do Éden, ou seja, voltar a estar na presença do Todo Poderoso como no início. O milagre da morte possibilitou o pagamento da dívida do homem para com o Senhor, e a isso denominamos reconciliação, porque nos reconciliou com o Criador, tal como no início.

A morte do nosso Senhor foi, por si só, um prodígio, pelo fato d'Ele ter morrido no momento em que decidiu morrer, mostrando controle sobre algo que ninguém pode ter controle, a morte. Assim foi o nosso Senhor, ninguém tirou sua a vida, Ele foi quem a ofereceu.

Nunca a morte conseguiu alguma coisa com o Senhor Jesus, sempre que um morto cruzou o caminho de Cristo, foi ressuscitado, mas naquele dia Jesus decidiu se render a ela, para que fosse paga a dívida da humanidade.

Sendo assim, a morte de Cristo foi o primeiro dos três milagres que Ele operou em si mesmo, e na consumação desse milagre, recebemos um presente imaterial, que ninguém pode nos tirar, a reconciliação com Deus, mediante o pagamento da dívida do homem para com Deus. Assim começa a construção do Maior Milagre do Senhor Jesus.

Não pensem que sentimentos de desespero o fariam adequado à misericórdia. Não é o que você sente que irá salvá-lo, mas o que Jesus sentiu.

(C. H. Spurgeon)

2

O Milagre da Ressurreição

> *Mas já no primeiro dia da semana, bem de madrugada, foram elas ao sepulcro, levando as especiarias que tinham preparado.*
> *E acharam a pedra revolvida do sepulcro.*
> *Entrando, porém, não acharam o corpo do Senhor Jesus.*
> *E, estando elas perplexas a esse respeito, eis que lhes apareceram dois varões em vestes resplandecentes; e ficando elas atemorizadas e abaixando o rosto para o chão, eles lhes disseram: Por que buscais entre os mortos aquele que vive?*
> *Ele não está aqui, mas ressurgiu. Lembrai-vos de como vos falou, estando ainda na Galiléia.*
> *(Lucas 24.1-6)*

De acordo com essa passagem, no domingo logo pela manhã, as mulheres foram ao sepulcro onde o corpo do Senhor Jesus havia sido depositado. Naquela época, era costume cavar o sepulcro na rocha, principalmente para aqueles de famílias mais ricas, como era o caso de José de Arimatéia, que foi a Pilatos solicitar o corpo do nosso Senhor, a fim de lhe dar um enterro digno em seu próprio túmulo (Lucas 23.50-52). Quando o corpo do Senhor foi colocado no túmulo, a entrada foi selada com uma pedra grande e pesada, como costume na época.

O fato registrado em Lucas 24 informa que as mulheres foram ao sepulcro para continuarem a unção do corpo de Jesus, e talvez elas tenham planejado remover aquela pedra, ideia um tanto absurda, uma vez que os discípulos não estavam com elas, mas com certeza elas estavam dispostas a fazer a última unção no corpo do Senhor independentemente de qualquer dificuldade ou pedra.

A pergunta que chama a atenção é: onde estavam os discípulos? Sabemos que estavam no cenáculo, porém a melhor resposta é: "Estavam escondidos!", isso se deve ao simples fato de o Senhor Jesus ter morrido na cruz, então a fé daqueles homens, que já era pequena, desapareceu. Eles fugiram e esconderam-se, temendo que fossem descobertos pelos guardas do Templo, pois assim teriam o mesmo fim de seu Mestre, naquele momento tudo era diferente, a crença que levou eles afirmarem junto com Pedro:

> *"Respondeu-lhe Simão Pedro: Tu és o Cristo, o Filho do Deus vivo."* (Mateus 16.16)

Essa crença, de que Jesus era o Cristo, foi abalada pela sua morte, pois o pensamento reinante era que o Cristo jamais morreria subjugado pelos inimigos de Israel. Os judeus esperavam um Messias poderosíssimo, que os livraria do domínio romano, quando na verdade o Senhor desejava livrá-los do domínio do pecado. Foi isso o que o Mestre quis dizer quando proferiu a seguinte frase:

> *"Se o Filho do Homem vos libertar verdadeiramente sereis livres"* (Mateus 8:36)

O problema de interpretação que ocorreu naquela época é o mesmo em todas as épocas: pessoas e até eruditos interpretam as escrituras de acordo com o que lhes agrada, e de acordo com o que agrada as massas, que lhes aplaudem, e não conforme o que a Escritura está dizendo, por isso o mesmo problema vai se repetindo em toda a história da humanidade. Pessoas de conhecimento deturpam a interpretação para fazer a Bíblia afirmar aquilo que lhes agrada ouvir ou aquilo que lhes traga algum benefício material.

No entanto, o que ocorre, a partir de Lucas 24.6, mudou a história daqueles discípulos e a nossa também, pois no domingo, logo pela manhã, o Mestre ressuscitou; e naquele dia, bem cedo, Maria mãe de Jesus e Maria Madalena foram até o sepulcro para concluírem o preparo do corpo do Senhor Jesus e o que encontraram foi um sepulcro vazio e um anjo que lhes mandou anunciar aos discípulos a ressurreição do Mestre. O anúncio da ressurreição de Cristo naquele momento era importantíssimo para reforçar a fé dos apóstolos, pois no momento em que eles ficam sabendo que o Mestre ressuscitou, tudo começa a mudar na vida daqueles homens. A Bíblia mostra como eles passaram a se reunir sem medo e após o dia de Pentecostes, relatado no livro de Atos, capítulo 2, aqueles apóstolos passaram a pregar abertamente.

A ressurreição do Senhor Jesus é muito mais do que um simples milagre, constitui-se hoje a base da fé e a base do cristianismo no mundo, veja o porquê:

Jesus afirmou que sobre a afirmação de Pedro a Igreja estaria edificada:

> *"Pois também eu te digo que tu és Pedro, e sobre esta pedra edificarei a minha igreja, e as portas do inferno não prevalecerão contra ela."* (Mateus 16:18)

Há quem pense, por conta desse versículo, que a Igreja está edificada sobre Pedro, por Jesus ter dito "sobre esta pedra". A afirmação de Jesus aqui, refere-se ao que Pedro acabara de dizer: *"Tu és o Cristo, o Filho do Deus vivo."* (Mateus 16:16). O Senhor Jesus está claramente dizendo que sobre a crença de que Ele é o Cristo, o Filho de Deus, o Messias prometido do Antigo Testamento, a sua Igreja estaria edificada, ou seja, construída e firmada, Glória a Deus! O Milagre da Ressurreição consolidou de uma vez por todas essa crença no coração dos apóstolos e de todos os que acreditaram Nele, ou seja, se Jesus ressuscitou, então tudo o que Ele pregou é verdade e Ele é o Filho de Deus, o Criador.

Até os dias de hoje, a certeza de que Ele é o Filho de Deus é a base edificante da Igreja de Jesus espalhada ao redor do mundo. Em algumas ocasiões essa crença foi atacada, como foi o caso do livro *O Código Da Vinci*, de Dan Brown, lançado em 2003, que apresenta a teoria de que Jesus teria se casado com Maria Madalena e tido filhos mantidos secretamente por uma organização religiosa.

As grandes religiões que surgiram no mundo têm o orgulho de apresentar os túmulos de seus líderes e fundadores, nos quais jazem suas ossadas ou o que restou delas, alguns tornaram-se pontos turísticos. O cristianismo, porém, orgulha-se em apresentar um túmulo vazio, como o que existe atualmente, próximo ao Monte Calvário, em Israel. Na verdade há dois túmulos em Jerusalém, um próximo o Monte Calvário e o outro um pouco longe dali, embora existam dois túmulos que são atribuídos a Jesus, ambos estão vazios.

Uma possível pergunta é: qual seria a graça de se manter um túmulo vazio como ponto turístico? De fato o túmulo vazio de Jesus Cristo recebe milhares de visitas semanais, uma resposta para a nossa pergunta está nesta explicação: o efeito produzido nos discípulos, de fortalecimento da fé, no momento em que eles receberam a notícia de que o Mestre estava vivo e puderam ver o túmulo vazio, assim tem sido o efeito em cada crente que vai ao túmulo vazio de Cristo hoje. Ao entrar no túmulo de Cristo e conferir que não há nenhum resto mortal, é como uma confirmação da fé, sabemos, porém, que nossa fé não se confirma com o que está diante dos olhos e por isso não precisamos ver o túmulo vazio para crer Nele, nosso Senhor Jesus Cristo, somente que essa é a graça de visitar um túmulo no qual não há nada, confirmando o milagre da ressurreição pelo qual veio a Graça a todos os homens.

A principal influência disso em nossa fé hoje

Uma excelente base bíblica para mostrar o efeito que a ressurreição de Cristo provoca no ser humano está nesta passagem de Romanos:

> *"Porque, se nós, sendo inimigos, fomos reconciliados com Deus pela morte de seu Filho, muito mais, estando já reconciliados, seremos salvos pela sua vida."* (Romanos 5.10)

Entre outras palavras, isso quer dizer que se alguém apresentasse um túmulo ou ossuário com vestígios de restos mortais e conseguisse provar que é de Jesus, isso traria muitos danos para o Evangelho, poderia até mesmo acabar, pois a ressurreição de Jesus é a autenticação de sua obra na cruz, ou seja, se acreditarmos que o Senhor está vivo, então temos a certeza de que tudo que Ele pregou é verdade e que está trabalhando em nosso favor neste exato momento.

Proponho uma ilustração para essa afirmativa. Imagine alguém que ao se afogar, é alcançado pelo salva-vidas. Ele estava morrendo, porém foi alcançado pelo salva-vidas, no entanto para consumar o ato de salvar para aquele que estava se afogando, é necessário que se chegue até a terra firme, e isso também fica a cargo do salva-vidas, porém é necessário que haja cooperação por parte do afogado, não se debatendo para que o salva-vidas faça seu trabalho.

Na nossa ilustração o salva-vidas é Jesus, o mar é o mundo, a vítima que se afoga é todo ser que se encontra perdido, e a terra firme é o lugar onde se consumará a salvação. Conforme a ilustração, todos nós estávamos nos afogando no mar de pecados que é o mundo, e um dia, o nosso salva-vidas alcançou-nos, abraçou-nos, acalmou-nos, mostrou que está tudo bem, fez-nos acreditar que ainda há possibilidades, deu-nos de novo a esperança que se havia perdido e mostrou que há um caminho a percorrer. Porém, a salvação será consumada no céu (terra firme), e é para lá que o nosso salvador está nos conduzindo, precisamos somente colaborar com Ele, não ficar se debatendo, não querer se desvencilhar dos braços Dele, achando que já estamos no raso e podemos nos virar do nosso jeito, precisamos deixar o salvador fazer a Sua parte, por meio do Espírito Santo.

Muitos ainda hoje estão se afogando nesse mar de pecados, o qual no início para ser tranquilo, mas depois surgem as situações, é quando as coisas começam a dar errado, e vão se complicando até chegar ao ponto de não haver mais saída. Então nessas horas difíceis é que notamos a mão estendida do salva-vidas Jesus, convidando-nos a deixar que Ele nos conduza para a terra firme. Veja a tipologia: Cristo, pela sua morte pagou o preço do resgate, comprou-nos, ou seja, alcançou-nos no mar do pecado, e agora, pela sua vida, temos a certeza de que seremos conduzidos até a Jerusalém celestial, onde estaremos em terra firme.

Em síntese, se todo crente tiver a convicção da ressurreição de Jesus Cristo, viverá uma vida cristã menos difícil, essa é a base da fé.

> *"Ora, sem fé é impossível agradar-lhe; porque é necessário que aquele que se aproxima de Deus creia que ele existe, e que é galardoador dos que o buscam."* (Hebreus 11.6)

O efeito que esse milagre produz no ser humano que crê é o que chamamos de regeneração, que é a obra praticada pelo Espírito Santo em nós, também chamada de "novo nascimento", e somente com a fé o Espírito fará essa obra. O que aconteceu foi que quando a dúvida reinava nos discípulos, devido ao fato da morte do Mestre, eles foram reanimados pela certeza de que o Mestre estava vivo, essa foi a confirmação de que o Senhor Jesus era realmente quem afirmava ser. Até hoje servos no mundo inteiro têm sido animados com essa certeza em seus corações, até você, que agora lê essas palavras, também pode sentir o Santo Espírito te animando, promovendo dentro de você a regeneração. A regeneração ocorre porque a fé que vem da certeza da ressurreição Dele é mais sólida e animadora que qualquer outra.

A grande dádiva que os homens receberam com esse lindo milagre foi, portanto, a fé. A fé de que Ele realmente é o Filho de Deus, a fé de que venceu a morte, e por isso nós também venceremos com Ele.

Nunca começo a trabalhar de manhã sem pensar que ele talvez venha interromper meu trabalho e começar o seu. Não estou esperando a morte – estou esperando por ele.

(G. Campbell Morgan)

3

O Corpo Ressurreto

> *E disseram-lhe eles: Mulher, por que choras? Ela lhes disse: Porque levaram o meu Senhor, e não sei onde o puseram.*
> *E, tendo dito isto, voltou-se para trás, e viu Jesus em pé, mas não sabia que era Jesus.*
> *Disse-lhe Jesus: Mulher, por que choras? Quem buscas? Ela, cuidando que era o hortelão, disse-lhe: Senhor, se tu o levaste, dize-me onde o puseste, e eu o levarei.*
> *Disse-lhe Jesus: Maria! Ela, voltando-se, disse-lhe: Raboni, que quer dizer: Mestre.*
> *(João 20.13-16)*

Agora vamos recorrer a um pouco de teologia para entender uma das promessas mais lindas que veio com a ocorrência do segundo milagre (a Ressurreição), pois Jesus ressuscitou com o seu próprio corpo, aquele com o qual Ele nascera, porém o seu corpo já não estava da mesma forma, estava diferente, houve alguma modificação, note que elas não conheceram o Mestre quando Ele apareceu-lhes (Jo 20.14), não só elas, mas todos que viram Jesus ressuscitado tiveram dificuldade em reconhecê-lo, veja:

Os discípulos no caminho de Emaús:

> "E aconteceu que, indo eles falando entre si, e fazendo perguntas um ao outro, o mesmo Jesus se aproximou, e ia com eles.

> Mas os olhos deles estavam como que fechados, para que o não conhecessem." (Lucas 24.15,16)

Embora a referência anterior sugira que os olhos daqueles discípulos tenham sido fechados por providência divina, não se pode afirmar com certeza.

Depois foi a vez dos apóstolos que estavam escondidos.

> "Chegada, pois, a tarde daquele dia, o primeiro da semana, e cerradas as portas onde os discípulos, com medo dos judeus, se tinham ajuntado, chegou Jesus, e pôs-se no meio, e disse-lhes: Paz seja convosco.
> E, dizendo isto, mostrou-lhes as suas mãos e o lado. De sorte que os discípulos se alegraram, vendo o Senhor." (João 20.19,20)

Note que ao chegar ao meio dos apóstolos, Jesus foi logo mostrando as mãos e o lado que havia sido transpassado, daqui se comprova duas coisas: que Jesus permaneceu com as marcas dos cravos e da lança que o transpassou o lado, e que havia a possibilidade de Ele não ser reconhecido pelos seus discípulos, reforçando a ideia de que Seu corpo estava diferente.

E mais uma vez Jesus apareceu a eles e o mesmo problema ocorreu.

> "Disse-lhes Simão Pedro: Vou pescar. Dizem-lhe eles: Também nós vamos contigo. Foram, e subiram logo para o barco, e naquela noite nada apanharam.
> E, sendo já manhã, Jesus se apresentou na praia, mas os discípulos não conheceram que era Jesus." (João 21.3,4)

Mais uma vez não puderam reconhecê-lo, obviamente pelo fato de Seu corpo não estar da forma como o conheciam, Jesus estava com um corpo transformado.

Esse é o corpo que Paulo menciona em 1 Coríntios 15.44, o qual chama de corpo espiritual, um corpo com propriedades próprias, espirituais e físicas, que transcende a natureza, veja o que afirmou o apóstolo:

> "Semeia-se corpo natural, ressuscitará corpo espiritual. Se há corpo natural, há também corpo espiritual." (1 Coríntios 1544)

A ressurreição do Senhor, além de presentear-nos de fé, traz-nos uma promessa, a promessa de um corpo semelhante ao de Cristo. Desfrute dessa promessa:

> "Mas a nossa cidade está nos céus, de onde também esperamos o Salvador, o Senhor Jesus Cristo.
> Que transformará o nosso corpo abatido, para ser conforme o seu corpo glorioso, segundo o seu eficaz poder de sujeitar também a si todas as coisas." (Filipenses 3.20, 21)

O texto de 1 Coríntios 15.35-54 é o que nos traz a revelação de como será esse corpo transformado, as demais características podemos extrair dos feitos de Cristo após ressuscitados nos evangelhos.

Primeiramente, o que sabemos é que será um corpo incorruptível, veja:

> "Num momento, num abrir e fechar de olhos, ante a última trombeta; porque a trombeta soará, e os **mortos ressuscitarão incorruptíveis**, e nós seremos transformados." (1 Coríntios 15.52, grifo meu)

Esse adjetivo dos salvos "incorruptíveis" vem do grego "*aphthartos*", que significa imortal, que não envelhece, não se deteriora, referindo-se exclusivamente ao aspecto físico do corpo, será um corpo que jamais sofrerá dano na sua estrutura.

Vejamos como era o corpo transformado do Mestre ao ressuscitar dos mortos, pois antes de ser glorificado, Jesus ainda andou por cerca de 40 dias, fazendo aparições entre os apóstolos, as quais algumas foram registradas e nos fazem imaginar como será esse corpo transformado que teremos.

Primeiramente, o texto de João 20.19 nos informa que os discípulos estavam reunidos num mesmo lugar, escondidos dos judeus, e o escritor frisou bem que as portas estavam trancadas, em seguida afirma que Jesus apareceu dentro do recinto, o autor não relata a porta se abrindo de repente e nem qualquer atividade extraordinária que justifique a entrada de Jesus, mas apenas afirma que Ele se coloca no meio deles, demonstrando que o corpo do Senhor poderia quebrar certas regras da Física, um corpo que pode atravessar a matéria, pois adentrou o recinto sem o abrir das portas.

Temos também que em outra ocasião o Senhor Jesus permitiu ser tocado por Tomé, que estava duvidoso de que o Senhor realmente ressuscitara (João 20.27), então teve o maior privilégio de todos os homens: foi convidado a tocar o corpo do Senhor, o que nos faz entender que o corpo de Cristo pode ser percebido fisicamente como matéria sólida, por outro lado o nosso Senhor fez diversas aparições se ausentando deles sem que pudessem entender para onde tivesse ido.

O texto de João 21.15 nos dá a ideia que Jesus comeu com eles, veja:

> "E, *depois de terem jantado*, disse Jesus a Simão Pedro: Simão, filho de Jonas, amas-me mais do que estes? E ele respondeu: Sim, Senhor, tu sabes que te amo. Disse-lhe: Apascenta os meus cordeiros." (João 21.15, grifo meu).

Embora somente a partir dessa referência sublinhada não seja possível estabelecer uma afirmação de que Jesus realmente comeu na presença deles, temos passagens nas quais Jesus afirmou que beberia na glória do fruto da vide. Mateus 26.29; Marcos 14.25; Lucas 22.18 e o texto de Apocalipse 19.7-9 relatam as bodas do Cordeiro, a festa de casamento que será celebrada no céu, oferecendo-nos a noção de que o corpo transformado pode comer, embora seja incorruptível, e, dessa forma, entenda-se que não precise de alimento algum, isso é um grande mistério que ainda será revelado.

O que entendemos é que teremos um corpo semelhante ao d'Ele e com propriedades semelhantes a estas relatadas aqui, corpo com o qual estaremos para sempre com o Senhor, primeiro, reinando com Ele por mil anos, e depois, na eternidade.

Essa é uma promessa a qual, muitas vezes, não entendemos a dimensão, não conseguimos compreender o quão glorioso será esse novo viver num novo corpo, um corpo transformado, um corpo espiritual que nos habilitará a usufruir das coisas espirituais preparadas para o povo de Deus. Devemos imaginar isso, devemos sonhar com isso como uma forma de animar nossa fé para suportar as adversidades aqui.

O céu de forma nenhuma será um lugar tedioso ou sem graça, pois além das coisas mencionadas aqui, muitas outras coisas não podem ser descritas com a compreensão humana que possuímos hoje.

> *"Mas, como está escrito: As coisas que o olho não viu, e o ouvido não ouviu, e não subiram ao coração do homem, são as que Deus preparou para os que o amam."*
> (1 Coríntios 2.9)

O corpo glorificado

> *Os seus discípulos, porém, não entenderam isto no princípio; mas, quando Jesus foi glorificado, então se lembraram de que isto estava escrito dele, e que isto lhe fizeram.*
> (João 12.16)

Após Jesus ter seu corpo transformado na ressurreição, Ele também foi glorificado na ascensão ao céu para assentar-se à destra de Deus, ou seja, o seu corpo que já era um corpo espiritual passou a ser revestido de glória, reassumindo a majestade que tinha antes, esse processo de glorificação do corpo de Jesus é o exemplo do que vai ocorrer com os santos do Senhor, todos os servos de Cristo, no dia do Arrebatamento, serão transformados e logo em seguida serão glorificados.

Entendemos pelas Escrituras que essa glorificação do corpo dos santos será necessária para que nós adentremos à presença do Todo Poderoso, pois ninguém pode se apresentar diante de Deus com um corpo como o que temos hoje, veja o que o Senhor disse a Moisés quando ele clamou para que Deus lhe mostrasse a Sua glória:

> "E disse mais: Não poderás ver a minha face, porquanto homem nenhum verá a minha face, e viverá."
> (Êxodo 33.20)

Deus estava mostrando que a natureza humana havia sido corrompida pelo pecado e por isso não era possível ver Sua face, pois antes de Adão pecar, o Senhor vinha pela viração do dia e conversava com Adão no Jardim do Éden, porém após a Queda do homem, Deus nunca mais teve esse tipo de contato com a Sua criação.

Jesus não foi glorificado imediatamente, após ser ressuscitado Ele andou por 40 dias em aparições aos discípulos, e somente quando foi assunto ao céu, teve o Seu corpo glorificado para assentar-se à destra de Deus. Note que tempos depois, quando Paulo ia pelo caminho para Damasco, teve um encontro com Jesus, e na ocasião, Paulo não pôde contemplá-lo, e o texto afirma que foi vista apenas uma luz, isso se deve ao fato de Jesus estar com o corpo glorificado, pois Ele já havia assentado à destra do todo poderoso, e para isso Seu corpo estava nesse estado de glória, por esse motivo Paulo não pode contemplá-lo.

A promessa é de que teremos o corpo semelhante ao de Jesus, ou seja, além de transformados, seremos também glorificados, ficando na mesma natureza d'Ele, conforme relata

Filipenses 3.2, pois somente nessa natureza poderemos adentrar à presença de Deus, e assim o Senhor terá completado integralmente o objetivo da salvação, colocando o homem de novo em Sua presença como ele estava antes da Queda, no Jardim do Éden.

Conhecer sobre o corpo transformado e glorificado de Jesus é conhecer sobre como será o processo com o nosso próprio corpo na ocasião da segunda vinda do Senhor.

Na sua vinda em glória, Jesus aparecerá em seu corpo glorificado (Apocalipse 1.7), no qual todo o mundo contemplará a grande luz no céu, que podemos supor, será como a que Paulo viu no caminho para Damasco em Atos 9 e como esse evento ocorrerá em um momento de tensão, do conflito entre as forças do anticristo e a nação de Israel, no qual os correspondentes internacionais das emissoras de TV do mundo inteiro estarão transmitindo ao vivo a expectativa da invasão à Jerusalém, por isso se afirma que todo olho o verá na Sua vinda em glória.

A Igreja, que terá sido arrebatada, participará desse grande evento, como podemos deduzir de Apocalipse 19.14, dessa forma virá do céu o Senhor Jesus em glória e com a Igreja glorificada, será um evento espetacular, no qual será aniquilada toda dúvida da existência do Criador, no qual acabará o ateísmo de uma vez por todas.

O resultado disso será observado quando o Senhor vier em glória no final da Grande Tribulação (Apocalipse 1.7), na qual o Senhor virá livrar a Israel das mãos do Anticristo e de seus exércitos. Nessa ocasião, o Senhor virá com a Igreja glorificada e provavelmente o mundo verá uma forte luz no céu, devido à glória do Filho do Homem, que aparecerá, não se sabe como, mas o Senhor será recebido pelos judeus às portas de Jerusalém e todos o conhecerão pelas marcas em Suas mãos furadas e o Seu lado aberto. Então reconhecerão que o Jesus dos cristãos é o Cristo, o Filho de Deus. Pois os judeus sabem que o nosso Jesus foi crucificado e que teve o seu lado aberto, e como não houve registro fotográfico na época, então o Senhor permanece com as marcas até o dia de hoje.

Não foram os cravos que prenderam Jesus numa cruz. Foi o amor.

(Max Lucado)

4

O Milagre da Ascensão

E, estando com eles, determinou-lhes que não se ausentassem de Jerusalém, mas que esperassem a promessa do Pai, que, disse ele, de mim ouvistes. Porque, na verdade, João batizou com água, mas vós sereis batizados com o Espírito Santo, não muito depois destes dias.
Aqueles, pois, que se haviam reunido perguntaram-lhe, dizendo: Senhor, restaurarás tu neste tempo o reino a Israel?
E disse-lhes: Não vos pertence saber os tempos ou as estações que o Pai estabeleceu pelo seu próprio poder.
Mas recebereis a virtude do Espírito Santo, que há de vir sobre vós; e ser-me-eis testemunhas, tanto em Jerusalém como em toda a Judéia e Samaria, e até aos confins da terra.
E, quando dizia isto, vendo-o eles, foi elevado às alturas, e uma nuvem o recebeu, ocultando-o a seus olhos.
E, estando com os olhos fitos no céu, enquanto ele subia, eis que junto deles se puseram dois homens vestidos de branco.
Os quais lhes disseram: Homens galileus, por que estais olhando para o céu? Esse Jesus, que dentre vós foi recebido em cima no céu, há de vir assim como para o céu o vistes ir.
(Atos 1.4-11)

A ascensão de Cristo é o milagre que completa a obra iniciada na cruz e é o terceiro milagre que conduz ao Maior Milagre, por isso deve ser estudado com especial atenção. Como consideramos que cada milagre produzido no corpo do Senhor Jesus anuncia uma obra a ser realizada em nós, que contribui para o Maior Milagre, o milagre da Ascensão anuncia o Arrebatamento da Igreja, ou seja, ao ler sobre esse milagre, recebemos a esperança da volta do Senhor, e se o anunciarmos, estaremos também anunciando a Segunda Vinda de Cristo, uma coisa está ligada à outra. Essa é a mensagem que o milagre da Ascensão promove, em outras palavras, quem entende e aceita esse milagre como fato, está também comprometido com o retorno do Mestre.

> *"Esse Jesus, que dentre vós foi recebido em cima no céu, há de vir assim como para o céu o vistes ir."* (Atos 1.11b)

A ascensão de Cristo aconteceu 40 dias após a sua ressurreição dos mortos, de acordo com o evangelho de João. O texto de Atos dos Apóstolos afirma que Jesus foi "elevado" às alturas na presença de todos, ou seja, foi visto por todos. De acordo com a Primeira Carta aos Coríntios, sabemos que foram mais de 500 irmãos a observar a ascensão do Senhor Jesus Cristo.

> *"Depois foi visto, uma vez, por mais de quinhentos irmãos, dos quais vive ainda a maior parte, mas alguns já dormem também."* (1 Coríntios 15.6)

A observação desse magnífico milagre deveria provocar uma confirmação e fortalecimento na fé daqueles irmãos que assistiram a esse evento, de fato foi o que ocorreu com pelo menos uns 120 deles, que permaneceram firmes até o dia de Pentecostes, como se entende do texto abaixo:

> *"Todos estes perseveravam unanimemente em oração e súplicas, com as mulheres, e Maria mãe de Jesus, e com seus irmãos.*

> *E naqueles dias, levantando-se Pedro no meio dos discípulos (ora a multidão junta era de quase cento e vinte pessoas) disse: [...]"* (Atos 1.14,15)

Há uma observação interessante: se mais de 500 irmãos assistiram a Jesus ser elevado às alturas na ascensão, por que somente uns 120 irmãos receberam o Espírito Santo no dia de Pentecostes?

A resposta é simples, os 120 irmãos permaneceram unidos em oração, como vimos no texto anterior, e acreditaram na promessa da virtude que havia de ser dada a eles, por isso tiveram forças para continuar até o dia de Pentecostes — eles encontraram apoio uns nos outros, quer dizer, quando alguém enfraquecia, os outros o animavam.

A mesma fórmula está valendo para os dias de hoje, ou seja, para permanecer firme até o cumprimento das promessas do Senhor Jesus, é necessário que os irmãos em Cristo pratiquem a oração em unidade, ou seja, em conjunto com a Igreja, pois nela encontramos forças para a obra de Deus e principalmente para aguardar a maior de todas as promessas: a volta do Senhor.

Alerto, porém ao povo de Deus, que muitos servos de Cristo estão deixando de praticar a oração em unidade, ou seja, aquela praticada junto com os irmãos, na Igreja ou nas casas, por isso muitas igrejas não aguardam a vinda de Jesus, não ensinam a entender esses milagres e não anunciam a vinda de Cristo nas nuvens, é o evangelho pós-moderno, um evangelho que tem visado a atender aos interesses humanos e não aos interesses de Deus, no qual alguns líderes se preocupam com o crescimento em quantidade e não em qualidade.

Em uma determinada igreja, onde eu tive o prazer de pregar, conheci um jovem novo convertido, muito dedicado, uma benção para o trabalho. Desde o momento em que aquele jovem aceitou a Jesus como salvador, começou a auxiliar o ministério em muitas tarefas, devido a seu porte sério e sua grande dedicação, com apenas alguns meses de convertido, aquele jovem já fazia parte da liderança dos jovens e estava com a responsabilidade de uma importante função: a organização de eventos do grupo jovem daquela igreja, porém aquele irmão era um novo convertido e não conhecia essa verdade acerca da oração ensinada aqui, o ficar unido em oração, e não aprendeu sobre a promessa da vinda do Senhor, na verdade não sabia quase nada das coisas espirituais.

O resultado não foi diferente de muitos outros irmãos que são envolvidos pelos trabalhos da igreja, sem antes aprenderem acerca dessas coisas básicas do Evangelho. Aquele jovem desviou-se após uma terrível confusão no meio do grupo e nunca mais voltou. O nome disso é ativismo religioso e pode afetar tanto os novos convertidos como os mais velhos.

Nesse caso, além da responsabilidade daquele jovem pelos seus próprios atos, também pode ser responsabilizada a liderança daquela igreja, que não se preocupou em primeiro ensinar as doutrinas básicas para depois envolver aquele jovem nos trabalhos do grupo de mocidade.

Assim muitos crentes atualmente têm se desviado por motivos fúteis, simplesmente por não entenderem e não praticarem essa oração em conjunto e não aprenderem sobre o Arrebatamento da Igreja, tampouco sobre o sacrifício da cruz.

A segunda vinda de Jesus e o Arrebatamento da Igreja

Ao analisarmos o milagre da ascensão, não podemos ignorar de forma nenhuma o anúncio da volta de Cristo, que virá "assim como eles o viram subir" (Atos 1.11).

Esse grande evento está previsto para ocorrer tão logo a Igreja de Cristo cumpra sua comissão no Mundo, que é a de pregar o evangelho a todos os povos, de acordo com o texto de

Mateus 24.14, que nos afirma que esse evangelho será pregado para testemunho a todos os povos, após isso, então, virá o fim.

No momento não cabe uma discussão acerca das diferenças teológicas, embora haja muitas divergências, acredita-se que esse fim, mencionado em Mateus 24.14, terá início no Arrebatamento da Igreja de Jesus, e nesse arrebatamento inicia-se também a segunda vinda de Cristo.

O retorno do Senhor Jesus é a promessa anunciada no milagre da Ascensão de Cristo, com as palavras dadas pelos anjos que apareceram naquele dia.

Vejamos em rápidas palavras o que será isso:

A segunda vinda de Cristo ocorrerá em duas fases: na primeira, Ele vem arrebatar a Sua Igreja; e na segunda, Ele vem com a Igreja livrar a Israel das mãos de seus inimigos, nessa segunda fase ocorrerá a grande Revelação de Deus ao mundo, Jesus descerá do céu com os novos moradores de Jerusalém (a Igreja), Ele descerá com a glória de Deus.

Vamos nos concentrar, porém, na primeira fase da promessa da volta do Senhor, o Arrebatamento da Igreja.

Dentre os vários significados da palavra arrebatar, o que melhor se aplica aqui é: "tirar com violência", ou seja, tomar de súbito, e é exatamente isso que vai acontecer com a Igreja de Jesus, ela será arrebatada, será tirada de súbito desta terra, será tomada com violência, num dado momento da trajetória humana na Terra, um povo será levado daqui, um povo será tirado do meio de outro povo, e isso acontecerá na proporção como as palavras de Jesus em Mateus 24.40,41:

> *"Então, estando dois no campo, será levado um, e deixado o outro;*
> *Estando duas moendo no moinho, será levada uma, e deixada outra."*

No dia do Arrebatamento se cumprirá a promessa anunciada no dia do milagre da Ascensão, a volta do Senhor, e foi esperando essa promessa que a Igreja esteve firme até o dia de hoje, com todos os problemas, todas as lutas e perseguições.

Podemos assim entender porque os crentes dos primeiros séculos suportaram firmes até a morte nas arenas, nas fogueiras e chacinas.

Até o ano 313 d.C., a perseguição contra a Igreja foi feroz, mas o efeito era contrário ao que as autoridades romanas esperavam, pois diante da perseguição, a comunidade cristã crescia e se espalhava. Havia, na comunidade dos santos, um desapego muito grande a coisas materiais, e tudo isso por conta dessa promessa, acerca da volta de Cristo e o Arrebatamento da Igreja, pois alguns crentes chegaram a vender tudo o que possuíam e entregavam o valor para a comunidade cristã, como o registro de Atos 4.34, essa arrecadação era então distribuída entre os pobres da comunidade, num autêntico trabalho de assistência social. Esse tipo de trabalho fez com que a Igreja crescesse muito em Jerusalém, pois os irmãos viviam em harmonia e igualdade e isso chamou a atenção dos moradores da cidade.

O motivo principal, que levou alguns homens que possuíam bens a venderem tudo, foi exatamente o ensino da promessa de que Cristo iria retornar e levar todos os crentes para si. Muitos deles acreditavam tão fortemente nisso que foi necessário o apóstolo Paulo corrigir esse ensino na sua Carta aos Tessalonicenses 2.2,3, esclarecendo acerca do retorno do Mestre, veja:

> Ora, irmãos, rogamo-vos, pela vinda de nosso Senhor Jesus Cristo, e pela nossa reunião com ele,
>
> Que não vos movais facilmente do vosso entendimento, nem vos perturbeis, quer por espírito, quer por palavra, quer por epístola, como de nós, como se o dia de Cristo estivesse já perto.
>
> Ninguém de maneira alguma vos engane; porque não será assim sem que antes venha a apostasia, e se manifeste o homem do pecado, o filho da perdição. (2 Tessalonicenses 2.1-3).

Foi pelo fato de Jesus não ter mencionado nenhuma data que aqueles crentes criam que o Mestre viria naqueles dias.

Há quem diga que foi um erro de interpretação, acreditar na vinda do Senhor para aqueles dias, o que levou a igreja de Jerusalém a ficar muito pobre, devido aos irmãos venderem tudo o que possuíam, porém essa é a forma correta de aguardá-lo, com a expectativa de ocorrer a qualquer momento a Sua vinda.

Atualmente, esse tipo de pregação tem sido negligenciada. Certo dia assisti a uma mensagem na qual um pregador famoso, desses que as igrejas pagam uma certa quantia para ouvi-los, sentei-me ansioso, pois a propaganda acerca daquele ministro tinha sido forte, porém ao final da pregação, concluí que o nome de Jesus foi citado uma ou duas vezes sem qualquer alusão a Sua morte na cruz, Sua ressurreição ou Sua volta no Arrebatamento, e o que mais me impressionou foi que os irmãos classificaram aquela mensagem como maravilhosa. Observei perguntando para alguns irmãos que a maioria não tinha entendido a mensagem, mas todos acharam a pregação excelente.

Entendi naquele dia que o povo de Deus tem sido enganado, pela forma de alguns pregadores ministrarem, o que fez com que os irmãos gostassem daquela pregação foi a eloquência do ministro e não o conteúdo da mensagem, que aliás não tinha conteúdo nenhum.

Tenho por certo a frase que diz: "a propaganda é a alma do negócio". E uma outra, derivada dessa, que diz: "a propaganda é a arma do negócio", com isso compramos produtos que não gostamos e não necessitamos, por causa da propaganda, valorizamos mais a forma do que o conteúdo, ficamos tão maravilhados com a retórica e a persuasão de alguns pregadores, que aceitamos tudo que eles falam sem questionar nada.

Em uma outra ocasião, estava em um culto e o pregador convidado começou a ministração da Palavra de Deus, o irmão leu um versículo do Antigo Testamento que fala de um detalhe das vestes do sumo sacerdote, não explicou o que era aquilo, nem para que servia, tampouco disse o que era um sumo sacerdote, mas o que se seguiu foi uma gritaria que talvez alguém classifique como eloquência, mas em um melhor juízo eu diria que foi "forçar a barra" a fim de que os irmãos glorificassem cada vez mais alto.

Devemos ter em mente que a maior promessa do Antigo Testamento era a vinda do Messias, que se cumpriu na pessoa de Jesus Cristo, que veio em uma época na qual alguns líderes já não ensinavam o povo a aguardá-lo e, além disso, interpretaram as profecias de forma equivocada, diziam que Ele viria com um exército e livraria Israel do domínio romano pela espada e pela guerra.

Por conta desse tipo de pregação, o povo passou a esperar o Cristo para resolver uma necessidade imediata deles, que naquele momento era a libertação do jugo romano, então Jesus veio a seu tempo, com uma mensagem de arrependimento, de serviço, de amor, de prática de boas obras e principalmente libertação do jugo do pecado, por isso a maioria dos escribas, fariseus, saduceus e outros líderes religiosos da época não creram Nele e por inveja buscaram a sua morte, e aqueles que foram influenciados por suas falsas pregações foram junto com eles para o buraco, tentaram destruí-lo e foram destruídos por falta de conhecimento (Oséias 4.6), até os últimos momentos, pela influência dos líderes religiosos, eles gritaram que o sangue dele caía sobre nossas cabeças e de nossos filhos (Mateus 27.15).

Da mesma forma a história se repete, pois agora a maior promessa para o Novo Testamento **é a vinda de Cristo Jesus**, sendo aguardada para completar a obra iniciada no mundo, que é a redenção dos filhos de Deus, aqui está o resultado do **Maior Milagre de Jesus** para o homem. Porém os líderes religiosos de nosso tempo, a exemplo dos fariseus e outros da época de Jesus, estão pregando a mensagem de Jesus de maneira errada, anunciando um Jesus que atende às necessidades imediatas das pessoas, como coisas materiais, e as livra de seus problemas atuais, quando na verdade deveriam anunciar que o Senhor Jesus Cristo deu a sua vida por nós na cruz pagando o preço em nosso lugar, ressuscitou mostrando que Ele é o filho de Deus e foi assunto aos céus para retornar outra vez e arrebatar a sua Igreja deste mundo.

Certa feita, conheci um casal de praticantes de uma determinada religião hindu, que me pregaram acerca daquela religião no afã de me converter ao deus deles, era um casal de idosos que estavam naquela prática já há algum tempo, e a pregação deles para me convidar era de busca de benefícios para o tempo presente, eles diziam que na religião deles eu poderia receber muitos benefícios, o que nós chamamos de bênçãos, percebi depois que aquela religião tem outras mensagens além dessa, mas foi assim que me anunciaram, e o interessante da pregação daquele casal foi o que me disseram depois, eles afirmaram que estiveram no Evangelho por 20 anos e não receberam nenhum benefício para suas vidas.

Entendi que aquele casal permaneceu no Evangelho por 20 anos sem entender a obra redentora de Cristo, foram enganados por líderes que prometeram benefícios imediatos para suas vidas nesse mundo. E assim muitas outras pessoas estão se desanimando por não entenderem o significado do **Maior Milagre de Jesus** preparado nos três milagres que anunciamos nesta obra.

É necessário pregar a verdadeira mensagem para a salvação da humanidade, e no milagre da ascensão de Cristo é o anúncio de Sua vinda, enquanto muitos vão deixando a verdadeira mensagem de lado para pregar o que mais agrada ao povo, a fim de se ter um retorno imediato, as pessoas querem prosperidade financeira, bênçãos na família, porta de emprego e cura no lar. Essas coisas, o Senhor pode e quer dar, mas o que Deus realmente deseja nos dar é muito maior que tudo isso, é algo para a eternidade.

O milagre da ascensão de Jesus revela-nos também onde Ele está agora, pois Ele subiu para o céu e desapareceu, veja o texto:

> "Os quais lhes disseram: Homens galileus, por que estais olhando para o céu? Esse Jesus, que dentre vós **foi recebido em cima no céu**, há de vir assim como para o céu o vistes ir." (Atos 1.11, grifo meu)

Vemos aqui então, que o Senhor Jesus está no céu, pois foi para lá que Ele subiu, então vejamos agora em qual parte do céu Ele está:

> "Ora, o Senhor, depois de lhes ter falado, foi recebido no céu, e assentou-se à **direita de Deus**." (Mateus 16.19, grifo meu)
>
> "Desde agora o Filho do homem se assentará à **direita do poder de Deus**." (Lucas 22.69, grifo meu)

Por estas e por muitas outras passagens, sabemos que o Senhor Jesus neste momento está assentado à direita do Todo Poderoso e que de lá Ele intercede por nós fazendo a mediação entre nós e Deus, ligando-nos novamente ao Criador, como era no Éden.

Pois bem, o grande tesouro imaterial que recebemos ao entender o milagre da ascensão e que nos aproxima do maior Milagre de Jesus se chama "a promessa", pois assim como Adão e Eva, ao serem expulsos da presença de Deus no Éden, não foram de mãos vazias, mas receberam uma promessa:

> "E porei inimizade entre ti e a mulher, e entre a tua semente e a sua semente; esta te ferirá a cabeça, e tu lhe ferirás o calcanhar." (Gênesis 3.15)

Notamos aqui que eles receberam de Deus a promessa da vinda do Messias, por isso a humanidade ficou com esta promessa, a vinda do Messias nascido de mulher, e assim também, da mesma forma, Jesus quando ascendeu ao céu, deixou-nos a promessa de Sua volta.

Os que esperam na promessa do Senhor, sempre estarão animados e sentirão em suas vidas a operação do Maior Milagre de Jesus.

Se você crê somente naquilo que gosta no evangelho e rejeita o que não gosta, não é no evangelho que você crê, mas, sim, em si mesmo.

(Agostinho)

5

O Maior Milagre de Jesus

Após analisar os três sinais milagrosos narrados na Bíblia, os quais Jesus processou em seu próprio corpo, chegamos finalmente ao Maior Milagre de Jesus, a SALVAÇÃO DA ALMA HUMANA, que é um milagre produzido a partir da realização dos três sinais prodigiosos no corpo do Senhor Jesus, por meio dos quais recebemos as três dádivas do nosso Criador: a reconciliação, a fé e a promessa. O Maior Milagre de Jesus é um milagre construído com extremo esforço da parte do nosso Senhor, isso mesmo, a salvação de uma alma é o Maior Milagre que o Senhor Jesus pode fazer, e hoje mesmo Ele está operando esse milagre na vida de alguém, vejamos então como ele se processa em nós por meio dos elementos recebidos da parte de Deus.

Reconciliação

Pelo que a Bíblia expõe em Romanos 3.23, entendemos que todos éramos devedores de Deus, separados do Senhor, e que o salário para o pagamento dessa dívida era a morte, por isso o nosso Senhor Jesus veio e morreu por nós, para pagar a dívida em nosso lugar, **reconciliando**-nos com o Criador, por isso dizemos que na morte de Cristo, nós recebemos a reconciliação como presente de Deus para nós, não pagamos e não conquistamos, mas de graça a adquirimos.

Fé

Depois de três dias, Ele ressuscitou para autenticar a sua obra e fortalecer a nossa **fé**, mostrando que Ele realmente é o Filho de Deus, fato este que ascendeu a fé no coração dos apóstolos que estavam escondidos com medo de serem presos, mas que, ao ouvirem a respeito da ressurreição do Mestre, correram em direção ao sepulcro, pois naquele momento, com aquela notícia, estavam recebendo mais um presente de Deus, a fé.

Promessa

Finalmente ascendeu ao céu, anunciando que voltaria e que estaria conosco para sempre, deixando-nos essa **promessa**. Hoje aguardamos a vinda do Senhor Jesus, estudamos a escatologia e o nosso coração se enche de esperança e de curiosidade acerca das últimas coisas, tudo com base na promessa deixada pelo Mestre de Seu retorno, promessa que foi ratificada pelos anjos na ocasião do prodígio da ascensão de Jesus ao céu.

Esses milagres conduzem ao Maior Milagre, a salvação de uma vida, e aqui eu coloco a salvação dentro dessa ótica de milagre, vejamos o porquê disso.

Um difícil milagre

Entende-se esse processo de salvação como uma operação miraculosa pelo evento sobrenatural que ocorre no coração da pessoa, em muitos casos, pessoas sem nenhuma perspectiva, as quais os outros classificam como incorrigíveis, e há pessoas que praticaram os mais cruéis pecados contra o próximo e contra Deus, e hoje, após terem conhecido a Jesus, deixaram as velhas práticas de pecado e vivem uma nova vida com o Senhor e com a família, são milagres vivos.

Dentro dessa ótica de milagre, eu classifico a salvação da alma como o milagre mais difícil para o Senhor Jesus realizar, não porque envolva tarefas complicadas para Deus, como se existisse alguma coisa complicada para Ele, mas porque a salvação de uma alma não depende somente do Senhor, não que Deus não possa determinar a salvação para alguém, mas porque o Senhor considera o nosso livre arbítrio, não nos obrigando a nada, Ele apenas nos afirma:

> *"Eis que estou à porta, e bato; se alguém ouvir a minha voz, e abrir a porta, entrarei em sua casa, e com ele cearei, e ele comigo."* (Apocalipse 3.20)

Esse simples detalhe, chamado "livre arbítrio", torna o milagre da salvação um dos mais difíceis de serem realizados, por isso eu o chamo aqui de "O Maior Milagre de Jesus".

Considerando os efeitos e alcance desse ato miraculoso, ele passa a ser ainda mais admirado por nós como o grande ato de misericórdia do Senhor e que conduz muitos a amarem a Deus muito mais. O alcance desse ato de salvação na vida de alguém é a família, e daí os amigos e conhecidos.

Vejamos como esse milagre chamado salvação pode alcançar as pessoas próximas a nós: certa ocasião, na Palavra de Deus, Paulo e Silas estavam presos em um cárcere, na cidade de Filipos, que seria uma espécie de presídio, juntamente com vários outros detentos. Os dois haviam sido presos por pregarem a mensagem do Evangelho, porém Paulo e Silas tinham coisas que os outros presos não tinham, "a paz com Deus, a fé, o Espírito Santo, etc.". Por isso aqueles irmãos resolveram fazer um culto, ali mesmo no cárcere, eles começaram cantando e os outros presos iam ouvindo, com certeza havia ali uma admiração, pois ninguém passava por ali e ficava cantando. Um lugar que havia sido feito para gemidos e lamentações estava, naquele momento, sendo usado por Paulo e Silas para louvar ao Senhor. Diz o texto, em Atos 16.25, que perto da meia-noite, enquanto eles cantavam hinos a Deus e os outros presos os ouviam, sobreveio um grande terremoto, abalou o cárcere e todas as prisões foram abertas. Quando o carcereiro viu que se haviam aberto todas as portas, tentou se matar achando que os presos haviam fugido, mas Paulo o impediu de fazer isso, pois todos estavam ali. Então o carcereiro indaga-os o seguinte:

> "E, tirando-os para fora, disse: Senhores, **que é necessário que eu faça para me salvar?**" (Atos 16.30, grifo meu)

Nessa pergunta, o carcereiro referia-se à salvação de sua vida, e não necessariamente de sua alma, pois ele sabia que seria morto pelos magistrados, quando soubessem o que aconteceu, porém Paulo declara a ele que poderiam ser salvos tanto ele como a sua casa, tão somente se ele cresse no Senhor Jesus. Em seguida, Paulo anunciou para o carcereiro e sua família a salvação da alma pelo sacrifício de Cristo na cruz, e toda a casa daquele homem aceitou a Jesus como salvador.

Da mesma forma o ser humano, que reconhece sua situação miserável, procura aquilo que os filhos de Deus possuem, que é essa capacidade de cantar e se alegrar em meio às dificuldades da vida, no entanto as pessoas querem algo que resolva suas necessidades imediatas, como problemas financeiros e familiares, porém o que Cristo tem a oferecer é muito mais amplo do que isso, Jesus oferece a salvação da alma e a inclusão imediata no processo de redenção, que ocorre de dentro para fora no ser humano e acontece de forma milagrosa, influenciando toda a família e parentes, levando a pessoa a fazer coisas e a tomar decisões que nunca tomaria em outras ocasiões.

Paulo e Silas conseguiam cantar em meio à dor porque tinham recebido de Jesus as três dádivas que Ele oferece ao ser humano: a reconciliação, a fé e a promessa, por isso o Maior Milagre já havia sido operado na vida deles.

O ser humano atualmente nasce em uma sociedade corrompida, embora ele nasça com a herança de Adão, isso é a propensão ao pecado, ele nasce inocente, mas o sistema do mundo o cerca com a maldade e desde cedo, o ser humano é aliciado por esse mundo, que jaz no maligno. Algumas pessoas que conhecemos são tão afastadas de Deus e se envolvem tanto na lama do pecado, que algumas chegam a afirmar que não há mais jeito, que só um milagre poderia salvá-las e regenerá-las. Estão certas, de fato o que acontece é um milagre, o Maior Milagre de Jesus.

Essa capacidade de cantar e adorar em meio a tantas mazelas da vida chama a atenção dos que estão próximos a nós, parentes e amigos. Em recentes pesquisas, identificou-se que as conversões a Cristo ocorrem na sua grande maioria entre os familiares e amigos, ou seja, as pessoas estão se convertendo por influência da obra de Jesus na vida de algum parente ou amigo. É a chamada conversão pelo testemunho pessoal, que fala mais do que as eloquentes pregações dos ministros da atualidade em púlpitos das igrejas.

Na verdade, muitas dessas pregações têm se tornado apenas repetições de palavras, frases de efeito e jargões de autoajuda, de vitória e de bênçãos financeiras, sem promoção de mudança de vida que conduza a pessoa para perto do Pai, cada vez menos se anuncia o poder transformador do Maior Milagre e seu autor, o Senhor Jesus.

Estamos no tempo do antropocentrismo, no qual a premissa que impera é a busca da felicidade. Para as pessoas, o que importa é *ter* e *ser feliz*, e atrelado a isso vêm a demonstração, a ostentação, dessa forma vivemos hoje na "sociedade do espetáculo". Graças às redes sociais e aos smartphones supermodernos, temos a facilidade em fazer e divulgar fotos, assim as pessoas envolvem-se numa grande onda, cujo foco é demonstrar felicidade aqui na Terra, alimentando o materialismo e a efemeridade das coisas terrenas, e como esse comportamento está na vide de muitos irmãos em Cristo, temos assistido um aumento do número de crentes fracos na fé, sem compromisso e que se desviam facilmente da chamada do Senhor em suas vidas.

Com esse comportamento da sociedade cristã do nosso tempo, observamos muitos crentes esperando de Cristo muitos milagres para suas vidas, menos o Maior Milagre do Senhor, aquele que verdadeiramente importa, aquele que leva as almas ao encontro do Pai.

O Maior Milagre de Jesus visa a corrigir esse comportamento, é preciso deixar que Jesus opere totalmente o Seu Maior Milagre em nós, para que sejamos totalmente regenerados pelo poder de Deus.

O Maior Milagre do Mestre pode estar acontecendo agora na vida de alguém da tua família, caro leitor, e, quem sabe, você pode ser o canal para que Jesus comece a operar o seu Maior Milagre em alguém hoje. Talvez esse grande milagre seja necessário para você agora mesmo, e quem sabe, Jesus já não está operando-o bem agora, enquanto você lê as páginas deste livro?

Será que você está disposto a deixar Jesus operar esse milagre em sua vida agora?

Todavia, se você já recebeu o Maior Milagre do Senhor, deve então ser mais um divulgador desse grande milagre ao mundo, pois a salvação de almas é o grande projeto de Deus, pelo qual enviou Seu Filho ao mundo.

Referências

REPORTAGEM, A MORTE DA PEQUENA LAVÍNIA

Jornal o Globo, edição 4 de março de 2011. Disponível em: https://acervo.oglobo.globo.com/consulta-ao-acervo/?navegacaoPorData=201020110304. Acesso em: 30 maio 2021.

REPORTAGEM, PAI JOGA FILHO NO RIO TIETÊ

Portal G1, artigo de março de 2012. Disponível em: http://g1.globo.com/sao-paulo/noticia/2012/03/desempregado-e-condenado-24-anos--por-jogar-filho-no-rio-tiete.html. Acesso em: 30 maio 2021.

REPORTAGEM, A MORTE DE ESTUDANTES NA ESCOLA TASSO DA SILVEIRA

Portal G1, artigo de 7 de abril de 2011. Disponível em: http://g1.globo.com/Tragedia-em-Realengo/noticia/2011/04/atirador-entra-em-escola-em-realengo-mata-alunos-e-se-suicida.html. Acesso em: 30 maio 2021.

SANDY HOOK ELEMENTARY SCOOL SHOOTING. Disponível em: https://en.wikipedia.org/wiki/Sandy_Hook_Elementary_School_shooting. Acesso em: 30 maio 2021.

REPORTAGEM, HOMEM ESTUPROU E MATOU MENINA DE 4 ANOS.

Jornal Gazeta do Triângulo, 18 abril de 2014. Disponível em: https://gazetadotriangulo.com.br/noticias/rdasete-anos-depois-homem-que-estuprou-e-assassinou-crianca-pode-ganhar-liberdade/. Acesso em: 30 maio 2021.

BÍBLIA

BÍBLIA. **Bíblia Sagrada**. Tradução de João Ferreira de Almeida. Edição Revista e Corrigida. Barueri: Sociedade Bíblica do Brasil, 2009.